金鱼诗集

张益达
著

长江出版传媒
长江文艺出版社

献给一百年后的少女

在山坡上等候，起风的一生。

——序

2020.7.20

1

想说我爱你

可信里写的是

今天的天气

打碎的鱼缸

夏天快来了

2

所有的人类

都是一只金鱼

生活在名为氧气的海

3

光线吃视觉

暗吃影子

人类前世是金鱼

所以食物里

放着盐

4

背过手在鱼缸漫步

喝下的水分子

曾是蒸汽时代的云

今天是二〇二二年

你离开我第十年

5

打开手电筒

给金鱼看一种红

通电的公路

想盖一间拱形的山洞

当你的光曝在我的手掌

我们捉住了一颗火星

6

和鱼缸的金鱼提海

与山中的树谈走路

同公元前的野人解释人造卫星

跟我诉说你

今天天气雨转雨

7

在南极挖雪

坐火车过赤道送给你

亚热带季风的雨

听见了悲伤

钻进我的眼睛

如果你收到一罐氧气

里面有一万句我爱你

8

台风天看海

下雪天吃冰

雨天拼命喝水

打雷天站在树下

如果有杀手看到

请来刺杀我

酬金一朵樱花

9

给金鱼读甲骨文

给树念往生咒

给海写辞别书

给云朵寄分手信

给剩余诗行放假

只留一句我仍思念你

给你念情诗

10

如果你流泪

请到海上去

你的一滴眼泪

可以养活三十二毫克的金鱼

11

养活一只金鱼

需要一个人流下

二十升眼泪的海

为了可以养活更多的金鱼

所以人类拼命地恋爱

12

明天去山上的瀑布

给水底的金鱼

看如何打水漂

今天去镇里的集市

卖掉一些雨伞换雨衣

昨天很想你

没有告诉你

13

食盐与水多年

住在瀑布多天

缘于你的离去

听力逐渐衰减

许久没有听过我爱你

许久没有听见

有人为我下一场

浩大的雨

14

野柚子离开山洞

绿色衣服的女人

离开山坡上的风

蜂蜜离开火把

玫瑰离开晚梦

你离开后

我这一生都在流泪

一生都住在瀑布边上

想见你震耳欲聋

15

沉迷鱼缸内部金鱼的低语

流泪山中瀑布寂寞的歌唱

同情孔雀失眠想梦见雨天

怀疑驼背的人将长出翅膀

提到你

我的语言变得固执

大海失去想象

16

卡车载走太阳

露水挑选夜晚

公路上的野人

戴顶纸做的帽子

和影子交流黑暗

路灯下

你许久未来拜访

我手掌的蜘蛛结出网

17

吃文字的野人

吃下夏天的邀请

吞吐面具的妖怪

吞吐出失眠的忧郁

信封里

宇宙膨胀变慢

许多的思念坍缩成一句

想见你

18

在夜晚写信

白天醒来烧掉

反复如此

多年来只给你

寄了一阵风

19

信寄给抽屉

墨水寄给氧

诗句寄给遗忘

我的思念寄给你

20

在脑海里养一只金鱼

用想象给它换水

是这片陆地上

最浪漫的事情

21

生活在陆地的我们

将金鱼养在自来水里

却欺骗它这里是海

22

模仿大自然的风

模仿人的哽咽

金鱼在水底

还是不大爱说话

今天是夏至

可以在白天见到你

最长的一天

为此我提前了一个月

去剪了头发

23

误会孔雀是

不知世事的少女

羡慕拥有阳台的人

可以放置二十四小时的风

夏天

我的耳朵很固执

时常觉得

你应该说爱我

24

金鱼游向大海

孔雀飞往蓝天

一定是我的言语

不够湛蓝

所以你不愿意走向我

我爱你

我会为你变成石头

这句话有着最大密度的蓝色

25

金鱼在水底梦游

玫瑰在陆地做梦

大多数时候我都不会比喻

只是很悲伤的夜晚

偶尔怀疑大海就在水杯里

哭泣的人误食了云朵

26

最近变瘦了

因为让许多爱意

变成诗飞走

最近长胖了

因为咽下了

太多句我爱你

27

想住进防空洞

防止内心的空洞

28

我把海系在身上

只要有人给我玫瑰

我就给她一些盐水

还有一些语言的湛蓝

29

我走在你的语言里

像走在蓝色的大海上

你没有在意这只

反复跃起的金鱼

30

你是一只金鱼

我的眼睛是一片干涸的海

已有许多年

没有见过你的模样

31

我的爱是一只金鱼

需要用一千座瀑布来忘记

有关海的记忆

32

金鱼游出夏天

玫瑰游入夜晚

影子游到很远的公路瘫痪

你游进我的梦里告诉我

我们的大海曾经那么蓝

如今记忆里如此的昏暗

33

人群像金鱼游弋

雨伞像猫头鹰倒立

遗忘像盲人失明

语言像指纹

你曾爱过我反复指认

记忆像冰块

你离开的夜晚

我是一朵云

34

金鱼记得海

曾经是蓝色

火车记得风

掠过孔雀云

你说你忘了我

我感到很难过

曾让你的记忆

发生过矿难

35

忘记一个人

就像忘记一片海

忘了海的名字

忘了跃起的海豚

忘了海上绚烂的花火

可永远记得

海是蓝色的

36

面对海湛蓝的武器

礁石请来了

人鱼的歌声

见到你的那天

我用掉了

我脑海里的一个惊叹号

37

生活在山里

很少写书信

如果想你了

我就去告诉一朵云

38

金鱼吃掉大海

孔雀吃掉夜晚

野人吃掉很远山上

雨的记忆

雨伞吃掉水滴

我吃下你不爱我

身体感染氢气

时常想飞到一个人的梦里

39

失眠是一只孔雀

做梦是一头大象

身体变得很轻

很晚回来的人

鞋子没有带回酒水

影子站立起来

打扫衣服上的灰

40

如果你做梦

梦见了金鱼

那么寓意着

你应该去看海

或者给客厅的鱼缸

换换水

更换下氧气

41

梦是另一种真实

如果在梦里

你杀死一只金鱼

那么你醒来

请和海道歉

42

金鱼打探台风过境

日历等候世界末日来临

水杯渴望倾倒染料

雨伞期盼起风屋顶

诗人想写一首动人诗句

你说你喜欢大海

我想要变成蓝色

43

台风无法将金鱼带走

人类世界陷入失落

只有世界末日才可以再见到海

和鱼缸倾诉

昨天我的梦境非常柔软

像一朵洁白的云

因为梦见你在飞行

44

高空缺少氧气

低空飞行灵敏

地表人群密集

地面昆虫有趣

天台干燥

公元前世界末日来临

因为夜晚去见你

走了很远的路

影子白天瘫倒在地上

45

电器已过保修年限

一只金鱼已养九年

我爱你快要腐烂

雨伞损坏在雨天

梦已来到十二月

影子已不能失眠

一首诗被你读完

还是没有说出那句誓言

46

我喝下大海

将盐水析出体外

在我的身体里有一万公顷的蓝色

47

你的大海是蓝色的

我的大海只有一滴眼泪

你说你不爱我

48

网逮捕蜘蛛

烟逮捕风

诗人逮捕火星制成诗句

我呀，是逃跑的相片

如果你想捉住我

尽量使用眼睛

我爱你是一座山谷

需要你先呐喊

才会有回声

49

在所有的比喻句中

你一定不是山谷

因为我爱你这句话

在你身上没有听到回声

50

鱼缸有时很想告诉金鱼

我爱你

可是鱼缸不会说话

只可以在水里

看着它游来游去

一个人孤寂

51

有一些鱼缸会爱上金鱼

但由于金鱼一直深爱着海

所以它感到痛苦

有时将自己摔碎

52

金鱼挑选红色

大海选择湛蓝

水草认定淡绿

氧气执着透明

葡萄偏爱紫色

影子只喜欢黑暗

在寄给你的信中

我最后遴选了空白

53

潮湿生长青苔

寂寞滋养雾霭

誓言产生偏爱

悲伤形成空白

风扇建造热带

脚印筑下站台

十二月你说你要离开

我们之间长出大海

54

黑暗吃掉眼睛

孔雀进食光影

开往南方的火车

覆盖女人哭泣的频率

山洞回归平稳的呼吸

夏天的夜晚

我在梦里学会飞行

却没有学会如何遇见你

55

电扇失去电力

不再对风言语

鱼缸遗失金鱼

渴望末日来临

玫瑰遗落城市

山谷落下大雨

如果你离开我

我会长出蓝色的翅膀

一直在梦里飞行

56

鱼缸囚禁金鱼

水杯囚禁大海

这是首蓝色的诗

如果你爱我

愿意为我流下眼泪的话

57

眼泪是蓝色的

不够悲伤的人类

只看见了透明的盐水

诗句的潮湿

58

天空是封面

大海是尾页

我在天空和大海之间

是首不太湛蓝的诗

59

名为大海的蓝

是名为天空的幕布

掉落的漆

60

金鱼睡觉时

喜欢在鱼缸里游来游去

那是因为它们梦到了一片海

61

金鱼也是会做梦的

有时它们会梦见一片海

有时它们会梦见一只鱼缸

62

放金鱼入海

放囚鸟归山

放烟叶回云

放一个夜晚回到从前

放一个人类

离开另一个人类

今天的太阳很多雨

今天的我很轻

63

不再被你拥抱后

我们之间时常会漏风

钻进一辆火车

一座山谷

一只金鱼

一片海

最离奇的夜晚

我们之间钻进两个人

64

金鱼陪伴水草

珊瑚慰藉大海

雀鸟照看天空

蜂蜜守卫果实

野人照料公路

风被风车垂问

你离开的时日

我照顾着一首诗

和它一起在这里流泪

65

风车还是不能骑

石头只可以用来放野外

火把只能用于赶路

寻找养蜂人的住处

金鱼还是在水底孤独

大海还是蓝色

你还是不爱我

66

用风造句的人

造出架风车

用雨造句的人

造出把雨伞

我爱你

我拿到爱这个字眼

67

风车的隐喻

应该去问风

金鱼的隐喻

应该去问海

少女合上书页

诗戛然而止

68

人类离开水面

身体长出鳞片

雨伞离开雨天

房间倒立浮悬

大海离开公路

蓝色渐行渐远

你离开我的身边

孔雀患上失眠

69

人类悲伤的时候

会坐进自己的影子

用眼泪析出酒水

用记忆析出首诗

让山里的野人

公路观察自己的胃

行人扶着月亮

变成一只老鹰回归

70

金鱼的列车驶向北

大海的浪花驶向南

地球是圆形

只要一直走

就可以相遇

71

因为金鱼一直在水底流泪

所以导致地球

海平面上升

72

金鱼颠簸公路

大海跌落山谷

后视镜的野人

独自走进浓雾

和孔雀解释毒素

结满果实的夏夜

养蜂人的住处

提及雨水

前往瀑布的人类

每一个都很孤独

73

风扇吹低之后

世界只剩回响

我爱你的跫音

终于不再增加重量

黑暗之中有人听见酒水

有人听见月亮

只有一个人类

会将所有的蓝色

误认成海洋

74

变幻金鱼的云朵

散开变成雨

手持火把的少女

熄灭火把

手持风

海上

今天有大事发生

75

起风了

我将跑到很远的山上

在那里爱你

76

请让我在你左边

第五根肋骨和第六根肋骨

之间的位置

待上一会吧

77

想学会茅山术士的穿墙术

住进你的心脏

可有一天练习好了

你却对我使用了隐身术

78

电视打开雨季

电扇打开飞行

记忆打开身体

最柔软的部分

夏天的夜晚

我怀疑那个接完吻就离开的人

只是为了偷取

我身体里的水银

79

台风暂停船只

地震停播城市

南方局部暴雨

将整个记忆淹没

雨刮器损坏

去见你的公路上

许多的泥石流

阻止我走向你

80

废弃的鱼缸

在思念一只金鱼

为此

它特地储存了

许多年的雨

81

客厅的鱼缸很思念

放生的金鱼

于是将自己打碎

运往海

82

公路结出蛛网

雀鸟注目捕捉

卡车进食人类

露水侵蚀蜡染

后视镜吞吐出山谷

犬吠中生锈的铁门

在寻找你的路上

影子白天不断复印

制造出夜晚

83

影子重叠夜晚

蝙蝠瘫倒白天

露水湿透赶路的火把

离开梦的语言

在回忆的海上

我是很晚回来的人

今天是一个蓝色的句子

明天是首悲伤的诗

84

喝醉公路之后

野人留下脚印

诗人留下诗句

我留下我爱你

四面八方的旋转

金鱼跌落墙壁

孔雀跌落雨季

大象跌落梦里

整个宇宙突然变得很轻

85

野人困在公路

齿轮困在时间

蜘蛛困在手掌

海洋困在指尖

我爱你困在山洞

记忆的纽扣

身体反复地拾捡

你被困在我的睡眠

梦醒后诗的语言

86

金鱼的眼泪是透明的

流出来像水流

人类的眼泪夹杂了太多欲望

堵住了泪腺

所以流出来只能是水滴

87

由于金鱼总是流泪
所以海水是咸的
由于人类总是流泪
所以她们的心是潮湿的
适合种玫瑰

88

写了一首诗

然后烧了

只有云朵和天空知晓

89

就在刚才

我参加了一首诗的葬礼

燃烧了一朵没有意味的雏菊

90

时常为天空的蓝担忧

有一天跟随雨落尽

然后世间再没有蓝

91

时常为天空和雀鸟停顿

作为一位深爱海的人类

我无法拒绝任何一种蓝

92

阅读一只鸟

以风的形式

阅读一首诗

以火的形式

阅读你的眼睛

应该穿戴雨衣

带上雨伞

在那里从未出现过我

93

以火的口吻

给你写诗

我想要将你身上衣物

全部烧毁

以水的口吻

给你写诗

我想要为你在海里流下一滴眼泪

94

用海浪演奏海

用芦笙演奏风

如果有小鸟听见

请代为转交云

一些沙砾在思念

一些水

一些稿纸在思念

一首诗

我在思念你

95

古老的建筑

用灰尘布雨

不想去新世纪的眼泪

下了三十分钟

一节石梯悬立

通向故乡的门

细雨下有一只小鸟

仍来此跳伞

96

你是不读诗的

所以从不长蛀牙

不被那些情诗甜到牙疼

多希望你可以读到这首诗

97

你不爱我

不字是这句话

最大的蛀牙

建议将这个字立即拔除

98

金鱼研究钟表

手电筒研究停电

热气球研究风

我呀

在研究如何让一些诗歌见到你

以及地球是圆形

为何我们还不相遇

99

我曾研究过金鱼的语言

当它们跳出鱼缸时

它在诉说

它很孤独

100

名为海的海水

名为海的容器远远盛不下

所以一部分的海

借住在你眼底

101

在我的诗句里

可以住进一片大海

却无法住进

那个人的一滴眼泪

102

想住进山洞

退化成野人

想跳入太空

缺氧前唱的歌是蓝调

想变成树打扮风

想打电话给云朵

安慰她别哭了

103

离开海的海

变成盐

离开树的树

变成桥

现在是太空时代

已不是永远

爱一个人的纪元

少女揉碎诗

仍为海哭泣

104

山捂住山

望远镜捂住眼睛和公路

由于没有信号

山里的野人

夜晚只可以用手电筒

给火星传话

一颗陨石坠落

105

闭上眼给影子松绑

失明的人类

影子都过得很幸福

为了和你重逢

我住进隧道

有天火车捎信

你已经归来

106

在身体里养一只秘密的金鱼

遇到很爱的人和她接吻

偷走她的一点雨水

107

用手指在水面上给金鱼写信

金鱼收到了一封盐水

我发送出一封我爱你

108

用钟表修补钟表

用你的影子

修复你离开的洞

记忆是野人

经常被人类驱赶

居住在山里

偶尔雨天公路出没

109

按掉闹钟铃声关好梦

复活身体器官眺望风

今天又是

一个漫长的长镜头

未能捕捉到你

记忆很遥远

昨天去了昨天

110

感到寂寞的时候

我就去看瀑布

然后我就会感到很快乐

我至少比它见过更多次的你

111

如果有一天你见到瀑布

你就会知晓我有多爱你

曾为你流过

如何寂寞的眼泪

112

铁做的玫瑰可以留存一个世纪

石头做的心脏可以爱你一万年

为此我成为一个身体坚硬的人

被许多的犀牛

觉得我不会受伤

被许多的人类说

我的拥抱不够柔软

113

太阳破碎之后

金鱼跌落梦境

语言跌落海域

影子跌落身体

带着一些蓝色

我爱你离开诗句

黑暗公路飞行

嘱咐墙壁日历

今晚我会很晚回来

114

台风来临之前

请务必诉说爱我

你的一句爱意

可以令金鱼忘记悲伤

所有雨水返航

风车不再痴迷旋转

城市不再喝醉桥梁

野人消失于疲惫的公路

115

蜘蛛爬行野外

雀鸟飞行站台

金鱼沉睡水族馆

风车在地面旋转

我们打开许多扇门

都没有见过海

有些蓝色为了等候我们

一定已经长满青苔

116

蝙蝠是固执的动物

白天只想在山洞瘫痪

大海是脆弱的生物

一到夜晚就不想再湛蓝

117

如果你白天前来

我会像大海一样

给你好看的蓝色

如果你在夜晚前来

我只能抱着你

唱海浪的歌

118

我想给你大海

可我只有这个蓝色的句子

我整个夏天怀抱着的一首诗

119

我没有大海那样好看的蓝色

没有金鱼那样好看的红色

所以你不爱我

120

金鱼看到瀑布的第一眼

感到很难过

因为它觉得这座瀑布一定非常悲伤

121

我爱你

就像一座瀑布

站在你看不见的地方

远远地爱着你

不惊动你

122

金鱼愿意为你游向岸

刺猬愿意为你拔光身上的刺

毒蛇愿意为你磨平剧毒尖牙

孔雀愿意为你变成灰色

我是胆小的人类

我愿意为你一生写诗

123

诗人将爱写成十四行诗

画家将爱画成你的肖像画

钢琴家将爱弹成

献给你的圆舞曲

我匮于表达

我爱你

124

给沙漠读诗

给金鱼写信

给石头说耳语

给海念情书

给雨伞邮递简讯

给云朵致电话

快回来令我的世界正常

125

不能走路的树

将思念写成红叶

寄给海

不会说话的云

将爱恋写成眼泪

说给鹿

山中有人唱诗

关于你

126

想养一千只鸽子

电力隔绝的纪元

开一间驿馆

只给那些

鞋子上沾有樱花的人传信

邮费是一首诗

127

喜欢你是一首古诗

是很久之前的事情了

遗忘你是一首现代诗

128

从前的人

不知道春天

不知道秋

不知道皇帝

只爬两条河流

为了献礼

可以庄严地

站立山中苦坐

只为了看云

不为了生活

129

花是花的复制品

树是树的分身

在远古世纪

第一个从草履虫

进化成人的人类

一定很孤独

因为有段时间

只能对着云说话

130

所有的少女

前世都是一只金鱼

所以她们喜欢浴室和蓝天

131

少女

你的眼泪是最小的一片海

但里面可以豢养

世界上最大的蓝鲸

132

从前淋湿我的云

后来淋湿了一只云雀

然后变成了瓶装水

在超市售卖

133

在书店门口做义工的少女

领取到一瓶海的碎片

然后喝下了一小片的海

134

写极简的诗
寄梦中的少女
喝少量的水
做神秘的金鱼
我渴望用身体的一点雨
换你怀中些许的氧
你在微冷的火里
烧毁这所存不多的信

135

金鱼路过集市

少女投下石子

快受伤的牙齿

有关你的名字

鱼缸里的心事

黑猫它的影子

白天里的消失

你已不再爱我

我仍在为你写诗

136

用很短的诗

捕捉长镜头的风

用很重的一个吻

偷取你眉间的一点轻

对于冰块曾是云

我不太了解

我现在是火

对于人类眼里的海

诗人暂时命名为眼泪

137

留声机播放雪

卫星播报云

楼上波兰舞曲吐出烟圈

终于趋于平静

风吹来

有时很想成为山谷

对任何人的我爱你

回复都是我爱你

可还是为你变成瀑布

138

少女将金鱼放生进大海

然后金鱼又游了回来

在某个夏天有关海的梦里

139

有一年少女搬家到了海边

那是鱼缸的金鱼

离海最近的一次

140

放生金鱼时

记得将鱼缸也一起放生

这个世界相遇很难

我们要尽量避免

任何一对恋人分离

141

将一只金鱼放生进太平洋

是世界上最残忍的事情

因为没有一只金鱼

需要如此浩瀚的鱼缸

142

时钟降落之后

太阳电力不足

城市退回人类

陆地退去酒水

鱼缸停止漫游

安慰夜晚孔雀

最甜的淡水是蜂蜜

最悲伤的盐水是大海

我爱你是水中的蓝色

143

太阳已经死去

请你慎重飞行

不要误入禁地

掉进酒鬼梦里

失去所有记忆

和野人说我爱你

同墙壁一起哭泣

将一页日历撕下变成金鱼

再也无法醒来

144

金鱼吞吐记忆

大海加重潮汐

孔雀降落地面

影子不再飞行

蝙蝠山洞倒立

人类跌进梦里

因为太过寂寞

野人公路留下脚印

145

蝙蝠山洞练习

如何回到过去

影子房间脱下

白天跟踪的夜行衣

壁虎墙壁爬行

研究太阳为何流泪

我在夜晚想你

蓝色的梦还没有飞来

146

我曾见过一只金鱼
被自己的眼泪淹死
在台风来临前的夜晚
将所有水分哭干
摔碎了鱼缸

147

我见过最孤独的金鱼

一生都在鱼缸里

拼命地游向海

可在死去的那天

也没能逃离那只鱼缸

148

石头不会流泪

铁树不会枯萎

蜜蜂不会迷路

太阳不会心碎

风车不会后悔

有时很想成为大海

被许多金鱼喜欢

可还是不快乐

我还是成为我吧

149

你好吗落满尘埃

我爱你种满青苔

想见你陈放数载

想念你两鬓斑白

下次再会许久未来

在回忆的门外

你是比蓝色还更蓝的海

150

如果有一天你见到海

请代我流下一滴眼泪

那位少女对我如此倾诉

151

少女的时代

我也曾追逐过天空的云朵

后来

我至今仍在为它写诗

152

渔人以网捕鱼

猎人用枪狩猎

强盗手持匕首行凶

士兵有攻城的利箭

我手无寸铁

只有我爱你这个句子

却想占有你

153

竹子作笛

羊皮作鼓

铜斗作笙

马尾作琴

人类是最古老的乐器

用一生演奏眼泪

如果你靠近我的心

请听一听里面的雪

154

金鱼忧虑渔网

雀鸟恐惧猎枪

树木忌惮斧具

露水惶恐太阳

影子担忧酒鬼

苏醒这个夜晚

我担忧一首诗不够湛蓝

我爱你被你读完后

就被你遗忘

155

金鱼痛苦台风

雀鸟躲避公路

我的悲伤是

黑白电视里的海

南极地区的电扇

大象无法在梦里飞起来

在所有的告白里

我只可以在这里对你说爱

156

犀牛的角

蝰蛇的牙

鹰的利爪

刺猬的刺

拥抱我吧

我的身上都是柔软

而且不被任何人类保护

157

我是一枚钝器

无法让任何人为我流血

或是为我流泪

158

打开身体的衣柜取出海

关闭眼睛的空洞困住梦

在冬天我依靠冰块取暖

听到这句话的人

以为我疯了

她们没去过我的心

159

不是爱尔兰风笛

也不是波兰舞曲

更不是绿袖子

钢琴献给爱丽丝

你听

风里有人唱诗

有人在说我爱你

160

所有的金鱼都生活在

名为海的眼泪里

所以金鱼总是忍不住悲伤

161

眼泪占据着海

海占据着百分之七十的星球

所以这颗星球是被悲伤统治的

162

为了可以造出新的海

人类和金鱼

都在拼命地流泪

163

被人类填为陆地的海

人类将用一个世纪的眼泪

偿还

164

黑猫没有味觉

毒蛇没有听力

甲虫缺少视网膜

章鱼感受不到痛苦

金鱼没有梦境

水藻不会想象

稻草人不会心碎

你不会说爱我

这首诗不会寄给你

165

最黑暗的夜晚

有人言语离别

请你不要伤悲

明天醒来后

太阳会在密度蓝里游玩

我们会在蓝色里入睡

影子会在公路上

遇见一只灰色的孔雀

166

大海给你最蓝的蓝色

葡萄给你最紫的紫色

电扇给你最冷的风

在可以给你的一切里

我只有一些亚热带的雨

一首不够湛蓝

你读完就会遗忘的诗

167

冷水汇合热水

盐水混合淡水

太阳混同雨水

寂寞混杂眼泪

在浑浊的人生里

我只有诗句湛蓝

悲伤清澈见底

我爱你像氧气一样透明

168

提到你的来历

已经要用到

很久很久以前

这个词

究竟过了多久呢

去看看大海吧

它从前只是一滴眼泪

169

所有的沙漠

曾经都是一片海

在最爱的人离开那天

流干了眼泪

如果你仔细寻找

你仍可以找到

金鱼的残骸

170

如果有一天你前往沙漠

请在沙漠里写下一只金鱼

那座沙漠就会变成一片海

171

如果有一天你变成了沙漠

我变成了一只金鱼

我也会毫不犹豫朝着你游去

172

台风来临以后

壁虎是悲伤的植物

人类是伤心的动物

金鱼是很深的浓雾

鱼缸在房间痛苦

在某片很蓝的深海

那里的眼泪像瀑布

我爱你感到非常孤独

173

这只是无关紧要的话

感到悲伤的时候

不要喝下许多酒水

感到孤独的时日

去读一首金鱼的诗

夏天是五月六月

今天天气雨

气温二十摄氏度

我爱你

174

深海浓雾里的金鱼
漆黑山洞内的蝙蝠
晴天野外毒蛇的伤口
墙角蜘蛛灰暗的外壳
台风的天气
城市停电的夜晚
我阅读过许多黑暗
里面没有你的影子

175

金鱼听不懂摇滚乐

只听得懂我爱你

青苔会爬满墙壁

石头会腐烂水滴

可以做梦的时候

最不会为太阳伤心

成为飞不起来的物品

将一些重要的象群忘记

176

人类的眼泪是海
海的眼泪是金鱼
太过悲伤的年代
只有做梦来度过
吃下一整颗苹果
用芦笙演奏风
只是难过的是
我曾丢失的物品
在梦里再次丢失

177

人类所有的伤心

不过只是盐水

大海所有的悲伤

全部都是蓝色

你离开我之后

我其实并没有那么难过

每天还是有做梦

吃下一整颗苹果

影子还是灰暗

178

如果有做过有关金鱼的梦

请为那只枕头套上雨衣

因为你不日将会梦见雨

179

入睡前穿好雨衣

打开梦让雨伞住进

悲伤的人类

梦里都是雨

180

金鱼是一种观赏鱼

总是被人类观赏

作为报复

它们有时也观赏人类

181

金鱼时常为

没有生活在水里的人类

感到悲伤

因为她们没有自己的海

182

台风天海边危险

太阳达到一定高度

不太适合碰面

雨天想在房间失眠

如果不能一起飞行

那就一起接吻吧

我们都是痛苦的金鱼

无法生活在蓝里

183

闪电传来书信

今晚台风过境

听见野人声音后

不要走出门去

嘲笑它的伤心

请温柔抱紧金鱼

在密度蓝里入睡

明天醒来后

我们可能会梦见海

184

太阳燃烧金鱼

篝火燃烧诗句

电灯燃烧大雨

你不爱我燃烧我还爱你

这样你是否会开心

没有人再给你写信

提及盐水是大海的忧郁

淡水是蓝色的伤心

185

蜻蜓停止了触地

电扇不想再飞行

这是湿热的天气

房间闷得可以

需要下一场亚热带大雨

需要诉说些

悲伤的话语

我爱你就像金鱼

仍然无法将海忘记

186

卡车运载玫瑰

汽车运载孔雀

潜水艇运载鱼群

深海里影子的伤悲

信运载爱意

野人截途风雪

你带着所有水源

离开我的大海

我的诗句只剩下蓝色

187

日历记载年月

车站记录离别

录音机陈放诗句

摄影机装盛雪

后视镜野人寒冷的记忆

许多年前

我们曾在一只雀鸟眼中相爱

那只雀鸟仍未死去

188

你太尖锐了

放在眼睛里

会流下眼泪

放在心脏里

会有我爱你刺破

189

找了许多家内科手术

都无法将心脏里的

那句我爱你取出

190

金鱼爱上沙漠

是一件很难过的事情

因为你唯一可以做的

就是在鱼缸里为她流泪

191

如果你看见我对着鱼缸说话

请不要在意

那一定是我将金鱼看成了你

192

坐在台阶上

看雨滴跳伞

烟点燃着

来自几亿年前的风

如果从水星跳下

我可以当一个世纪的飞鸟

为此第一次想去往太空

193

如金鱼离开水

如树离开叶

如雨离开云

离开你之后

我时常为自己的性命担忧

没有了心脏

要如何在地球上存活

194

公路

切开山的视野

雨伞

向伞的内部折叠

在南极生活的人

很怕冷

在赤道生活的人

一定过得很幸福

眼睛在流眼泪

心脏仍觉得温暖

195

生病的山路

借货车颤抖

离世的树木

仍在石头上吹风

记忆是钟表

躺在草丛腐烂

现在就是我们过去

梦寐以求的未来

196

用扔硬币来决定

是否要继续爱你

正面我爱你

背面我爱你

我接受最后的结果

197

用掷骰子来决定

是不是爱你的那刻

发现我爱你

占据了骰子的六面

198

在夜里别打开灯盏

分开后我的一些暗

仍思念你的一些暗

如果你梦见一些黑色

那是我们的影子重逢

如果你梦见一只孔雀

那是我们离别

199

在梦里画满钟表

绕三十里山路

不经过隧道

将玫瑰藏匿进丛林

心脏侧过袖间的短刀

为了见到你

我每天都撕开眼睛

200

海上时常会有飞机失事

找不到残骸

可能那只飞机变成了大鱼

201

海是一滴巨大的眼泪

金鱼无法想象

流出如此浩瀚眼泪的

是一只怎样的大鱼

202

关于水的句子

别放太阳底下

关于火的句子

不要靠近树林

关于金鱼的句子

远离纸上的海

关于雨的句子

应该撑伞阅读

203

只有相近的人

才会看见同一朵云

只有相像的人

才会读到同一首诗

台风快要来了

金鱼已躲进墙壁

如果明天下雨

请带着这部诗集去爱

204

人类用唇齿接吻

树木不同

用的是一阵风

如果两片落叶重叠

那是一个很深的吻

205

当两只手掌合在一起

它们就像两半虎符重叠

可以召唤成千上万幸福的军队

206

电影是假的

可电影里的金鱼

却是真实的

它们想游出幕布

207

不要让电影院

距离水源太近

不然电影里的金鱼

会游出幕布

逃往海

208

伐树净手

切鱼闭目

碎纸沐耳

摘花沐浴

遗忘一段记忆时

请诵往生咒

超度那些思念

不要再归来

209

锈消化铁

氧消化酶

胰脏消化胃酸和毒素

记忆消化眼泪

有一块硬物你不爱我

我消化多年

时常咳出血

210

打开旧电扇

有一阵风被它关押多年

释放的当日

有一只金鱼

隐约听见了哭声

211

金鱼想学会缩小术

钻进水龙头里

沿着自来水逃往海

212

金鱼是红色

却喜欢海无尽蓝

赤道离太阳最近

夜晚却冷得像座雪山

我爱你不足为奇

离奇的是雨

你爱我是相反宇宙

才会发生的事情

213

抑止住身体的金鱼游向海

搬到山上居住

有些句子只可以说给树洞听

如果你看见满山红叶

请靠近听一听雨

如果你听见有人说我爱你

那是我的回声

214

我是一只金鱼

注定一辈子待在水底

可遇到你的那天

我突然很想上岸

215

我呀

是一只金鱼

在思念大海的蓝

你呀

如果见到她

请告诉她

我每天都有喝水

216

我将红色认成黑色

我将石头唤为琥珀

我将我爱你说成你爱我

217

请轻轻靠近这首诗

你有没有听见

潺潺的水声

有一只金鱼在哭的声音

218

台风天非常不安

告白是危险事情

公路上野人出没

天空中闪电飞行

房间内没有雨衣

金鱼是易燃物品

电灯非常伤心

如果你不爱我

我会在大海死去

219

台风已经离去

金鱼停止伤心

影子不再停电

孩子们在密度蓝里飞行

大人们白天

只可以教猫算数

只有亲吻才是爱情

今天的太阳很好

如果不说我爱你

220

我爱你

我曾告诉过一只金鱼

后来那只金鱼死去

再没有人知晓这件事情

221

金鱼听不懂人类的言语

但如果你对着它流泪

它会知晓你很悲伤

222

太阳降低到一定高度

人类不再适宜飞行

野人公路出没

影子会悄悄离开身体

卡车载走所有蓝色离开大海

如果我们没有地面接吻

很容易就会感染伤心

223

孔雀离开公路视线

影子离开野人房间

养蜂人离开瀑布

酒鬼离开女人哭泣语言

梦里可能梦不到海

为了避免伤心

请在太阳破碎之前

捕捉更多的蓝色

224

闷热潮湿的亚热带

最湿透的人在河岸

最干燥的人在酒馆

最失眠的人在白天

想要梦见玫瑰

孔雀

还有你爱我

最蓝色的梦还在飞行

没有降落这个夜晚

225

小酒馆猫的捉弄

酒鬼失恋的语言

拆掉所有的窗台

只有梅花鹿出现

泥石流梦里出没

房间鱼缸打碎

世界末日的事件

今日的悲伤是海

你是大海的蓝色

226

每写下一只金鱼

就有一只金鱼困在纸上

每写下一片海

海就失去一部分海

我不愿在诗句提及你

227

当我写下海

这首诗就变成了蓝色

每一个文字都有着海的湛蓝

当我写下你

这首诗开始下雨

228

金鱼不会潜水

孔雀不会飞

蜘蛛不会结网

树木不会落叶

野人不会走很远的路

瀑布不会流泪

影子不会灰

石头不会歌唱

我不会说我爱你

229

耳朵捕捉音乐

视网膜捕捉雪

鼻窦捕捉花香

语言捕捉孔雀

梦境捕捉蝴蝶你还爱我

手掌捕获雨水

你没有归来

大海上落满了蓝色

影子落满了灰

230

不能前往海的少女

想要将房间哭成海

有一天夜里

母亲忘了关水龙头

早晨她醒来

来到了梦里

231

少女和少女约定一起逃往海

最后在沙漠被抓了回来

手上捧着一只鱼缸

和一小片眼泪做的海

232

没有见过雪
便无法写出
有关雪的词句
没被火烫过
就无法描述
被火烧掠的痛
诗行已过半
我写不出
你深爱我

233

器官枯萎

心跳式微

我眼里的水熄灭

所有的记

忆化为骨灰

我仍渴望有一阵风

可以将我从你

身边带回

234

想回到古代

如果去看你

只可以骑马前往

去一次南方

最快也得三个月

想在夏天见到你

冬天就得出发

沿途一路花海

音讯隔绝

可能就是被野人吃了

235

日记里将我爱你

用我很悲伤代替

日记外对思念

缄口不提

在远古时代

我一定是个早逝的人

每日说谎

被祭司缚于树下

用火焰取出心脏

236

张开手

想象自己是鸟

风吹来

依旧可以感到

失去翅膀的痛

237

我爱你是石子

你不爱我是海

蓝色的夜晚

我是一只固执的鸟

238

人类被捕捉的时候

就会变成一只老鹰

背过手一直仰望天

渴望梦见一只孔雀

瞳孔内倒满大海的蓝色

从白天到夜晚飞行

被另一个人类捕捉

239

人类是感官动物

金鱼是视觉动物

我爱你是植物

我有经常给它换水

带它去看孔雀

梦境里的蝴蝶

公路上的玫瑰

夜晚喝醉的酒鬼

被许多蓝色捕捉眼内

240

以前一定有一个世纪

是由金鱼统治的

然后所有的金鱼在水底流泪

形成了现在的海

241

为了阻止金鱼再次统治地球

所以人类将金鱼

囚禁在鱼缸

242

用篝火点烟

用诗歌戒酒

在很小的海里

很小的金鱼

用很小声的

悄悄话吵架

很小的痛

很小的人类打开门

世界很和睦

243

生活在灾难里

打开电视

新闻里到处都是台风地震

火山爆发

海啸洪水

失去你

今天就是世界末日了吧

宇宙怎么还不毁灭

244

你是一个句子

走得很累了

请在我的诗里停下吧

让我将你变成一个隐喻

有关风车

有关阵雨

让我用你为这首诗烫金

因为提到你

这首诗闪闪发光

245

金鱼的疯狂是游向陆地

孔雀的疯狂是变成灰色

大象的疯狂是

在地面上飞起来

人类的疯狂是想要为一个人写诗

山谷很寂静

没有瀑布与她相爱

246

听说金鱼失恋后

行动速度会变得非常缓慢

因为失去了

想要快速游向她的人

247

金鱼逃跑的速度是

每分钟五十米

如果是为了爱情

速度会更快些

248

见过你的人

都带走一部分的你

见过海的人

都偷走了一点蓝

雨落下没有感受到淋湿

从不流泪的人

将眼泪流到了梦里

249

在梦的镜头里
梦很模糊
现实很模糊
大海很模糊
金鱼很模糊
雨水很模糊
眼泪很模糊
想念一个人
却如此清晰

250

如果我流下足够多的眼泪

可否允许我拥有一小片

蓝色的海

251

我总觉得

我每次为你哭泣

在很远的海上

就会下一场蓝色的大雨

252

我是金鱼

我会游向岸爱你

我是野兽

我会衔来玫瑰爱你

我是树

我会开出好看的红叶爱你

我是我

我会以我悲伤的方式爱你

253

北极以北是南极以南

十二月逝去

是十二月正来临

关于你的离去

我时常像野兽

埋伏在丛林

盯着路过的云

254

吃我的眼睛

吃我的手臂

吃我的胰脏

吃我的形体

想回到远古世纪

误入你的领地

被你当作猎物进食

每一缕思念

都是一个带血的吻

255

请残暴地爱我

吃我的肉

饮我的血

掏我的肝

挖我的胰脏

用一个吻

在我的耳朵上刺青

我爱你

我恨你

无论什么都好

256

复古的春天复古树

复古的人类复古风

如果可以

想复古到恐龙时代

257

想对脑海里的你

使用核武器

258

冰窖封存酒

手电储存光

山洞汇集黑暗

公路凝聚不安

雷雨天

请打碎我这个陶罐吧

虽然我的身体里装的不是金币

而是许多句我爱你

259

象形文字里的我爱你
甲骨文上的玫瑰
夏代文书中的孔雀
结绳时代的一千个结
远古世纪野人的脚印
草履虫纪元的蓝色
我曾如此对你思念

260

海是一个巨大的泳池

从悬崖跳下的少女

拒绝支付海的门票

261

跳海自杀的人类

来世将会变成一只金鱼

永远生活在一片蓝里

262

用冰块冰住冰块

用雪融化雪

用诗去偷取另一首诗

我是不容易熄灭的火石

别担心雨天

请给我一句我爱你

引燃我爱你

263

用火生火

用水浇水

用雨伞避雨

用风扇吹风

用给你送玫瑰

练习读心术

从你的悲伤

我读出了

我深爱你

264

见过火消融

见过冰融化

见过海退潮

见过罐头过期

见过誓言变质

见过玫瑰腐烂

也明白世上

没有什么永恒

可还是很喜欢永远

265

假如要送你礼物

我不会送你玫瑰

我会送你一把手枪

如果我不爱你了

请用这把手枪杀了我

如果你不爱我了

请丢掉这把手枪

266

名为海的钢琴曲

最成功的演奏是

可以使一只金鱼流泪

267

金鱼曾听过大海的歌唱

然后再无法倾听

人类的音乐

268

金鱼没有脚

孔雀没有鳞片

蜘蛛没有羽毛

水藻没有蓝色

甲壳虫没有胃

蝙蝠没有视觉

八九四没有听力

我没有你

无法白天做梦

人类都很伤心

269

影子不会为孔雀流泪

石头不会为芦笙歌唱

树木不会为瀑布走路

公路不会为野人哭泣

你永远不会爱我

金鱼听不懂海的言语

植物不会为人类伤心

270

你知道太平洋么

我曾为你流过

如此浩瀚的眼泪

就在你说

你不爱我的那个夜晚

271

太平洋里有我的一滴眼泪

那位少女在日记中写道

272

台风犯下罪行

电视出现金鱼

广播提示雨水

天台花盆玫瑰

海岸瘫痪酒鬼

城市不明飞碟

野人出没公路

我们眼里没有蓝色

海还在很远的地方

273

潮湿的电灯撑伞

天台的金鱼乘船

墙壁的日历撕下

五月天气的昏暗

有人偷偷离去

人造雨季来临

只要想起你

整个世界就变成了海

274

海在诗里散步

人类视线将它捕捉

比蓝更蓝的蓝色

美丽得像颗琥珀

如果明天还可以做梦

鱼缸没有世界末日

你将会带着这片海前往何处

275

如果是在梦里

金鱼是会飞的

喝下的酒水是蜂蜜

影子是一只孔雀

前往瀑布的人

不用举着火把赶路

因为四周都是蓝色

你只会说你爱我

276

金鱼自杀的方式是

将鱼缸的水喝光

每次快喝完时

人类又加入新的水

所以金鱼憎恶人类

277

金鱼讨厌生活在水底

人类讨厌生活在陆地

但没有人类和金鱼交谈交换事宜

278

最新的电话

是金鱼打来的

它说在梦里想要喝水

一直游到梦境变蓝

所以你在白天

要做许多悲伤的事

台风天走出门外

对一个不爱你的人说爱

279

电话打给金鱼

简讯传与彗星

信寄予羊水

梦话告与时钟

秘密说给瀑布

山中没有心脏的树

我爱你放在这里

希望有一天

你可以在水中读到

280

如果要自杀

我一定选择名为太平洋的海

因为在那里有世界上最深的蓝

281

我曾听说有一些金鱼

会在梦里自杀

当它们无法在鱼缸自杀的时候

282

金鱼离水而亡

玫瑰离土无生

树叶离树腐朽

雪花离开冬日消融

句子离开稿纸遗忘

不爱你不会死

但心脏会很痛

283

火车折断风

雨伞折断雨

树折断泥土

玫瑰折断浪漫的根茎

在所有的转折里

你是最痛的一次

我由此来到明天

284

鱼缸干涸夏天

影子腐烂苹果

椅子躺在沙发旁

浪漫经过夜晚

收音机气象台显示

昨天天气雨

前天天气雨

你说你不爱我

今天的太阳是蓝色的

285

鱼缸水草浓郁

天台光影神秘

又是要下雨的天气

如果可以

我愿意做一尾

会说话的金鱼

就算明天会被野人捉去

还是要对你说出

那句我爱你

286

照相机摄取海

照片里圈禁蓝

喜欢流泪的人

身体里住着冰块

或是一朵云

287

你读的诗句是一只金鱼

游进你眼睛里的海

变成你身体里某种思念的蓝

288

白天做梦的人

知道夜晚梦不到你

喝下了太多酒水

你醒来后就会离去

在野人的公路

和太阳一起伤心

哭泣孔雀的影子也是灰色

瀑布也一样不爱你

289

白日梦里的金鱼

想要游出梦里

在黑暗的地下室

偷取野人的蜂蜜

那已是有年份的伤心

一个人的飞行

因为想要看海

所以一直在用眼泪造水

290

少女在梦里梦见了金鱼

却没有梦见海

梦里的那只金鱼一定很悲伤

291

将世界上所有的眼泪

汇聚在一起

给世界上最悲伤的金鱼居住

少女自杀前

留下这样的诗

292

人类撑开伞的时候

雨突然停了

收起伞的一瞬

感到了一种悲伤

好不容易来的雨

好不容易来的伞

想起你也是这样

突然就不再爱我

293

给锁上锁

给信写信

给雨伞撑开雨伞

给记忆加重记忆

为了接近你

我接近了你所有接近的陆地

为了告别我

你告别了我所有的告别

294

没去过大海

所以写了首

如沙漠般干燥的诗

如果谁遇险

请打电话给金鱼

记得告诉它

我想借你的一点雨水

295

你在雨天来电

不要再说爱你

提及那个秘密

我在沙漠里写信

我会死在海底

水藻丰郁

海星美丽

在蓝色的鱼群

缓缓失去呼吸

296

人类不应该在沙漠里种树

应该种水草

因为它们前世是海

297

植物沉默

动物凶猛

人类居于其中占据温柔

硅藻很悲伤

298

因为没有鱼缸

所以我将金鱼放在这首诗里

请代我小心看管

以免醒来后它便离去

299

大海很多水藻

太平洋很多蓝色

请你告诉鱼缸

不要再等候那只金鱼

300

我们逃跑吧

那只金鱼说的话

至今仍留在我的心底

读完后请将这本书丢入大海，将里面的金鱼放生。

——金鱼诗社

2021.12.3

图书在版编目（CIP）数据

金鱼诗集 / 张益达著. -- 武汉 ：长江文艺出版社，
2025.8

ISBN 978-7-5702-3454-7

Ⅰ. ①金… Ⅱ. ①张… Ⅲ. ①诗集—中国—当代
Ⅳ. ①I227

中国国家版本馆 CIP 数据核字（2024）第 029493 号

金鱼诗集
JINYU SHIJI

责任编辑：胡 璇　　责任校对：程华清
封面设计：祁泽娟　　责任印制：邱 莉　王光兴

出版：长江出版传媒 | 长江文艺出版社
地址：武汉市雄楚大街 268 号　　邮编：430070
发行：长江文艺出版社
http://www.cjlap.com
印刷：湖北新华印务有限公司

开本：880 毫米×1230 毫米　1/32　印张：9.75
版次：2025 年 8 月第 1 版　　2025 年 8 月第 1 次印刷

定价：68.00 元